AF535849

Geest-Verlag
Verlag für engagierte Literatur

Einen Spalt weit

Gedichte von

Sonja Crone

Mit einem Nachwort
von Sigune Schnabel

Tuschezeichnungen
von der Autorin

Sonja Crone
Einen Spalt weit
Gedichte
mit Tuschezeichnungen der Autorin
Nachwort Sigune Schnabel
Geest-Verlag 2024

Verlag: Geest-Verlag
Marienburger Straße 10
49429 Visbek
Tel. 04445 3895913
www.geest-verlag.de
info@geest-verlag.de

ISBN 978-3-86685-992-0

Druck: Geest-Verlag

Printed in Germany

Wir haben sie
diese Vision
vom freien Fall
stürzen wollen wir
in die Ferne
wie ein Schwarm
Bienen wollen
wir eindringen
in diese Honigwabe
und anderswo
wohlgenährt
durch die Nacht
auftauchen

Jetzt bin ich
die Choreografie
eines Traums
die Rebellion
einer Person
die glorreich
am Realismus
scheitert
dem anderen
begegnend

Des Nachts steigen wir
in unsere Köpfe
verlassen die Linearität
des Weges schweben
in multidimensionalen
Räumen wie der Phönix
aus der Asche fliegen
verstaubte Bücher aus
den Regalen die Seiten
öffnen sich wie
Schmetterlinge beginnen
die Lettern zu tanzen
der Panther ist erwacht
hat seinen Käfig verlassen
weckt mit dem Gebrüll
die Toten die uns ungezügelt
von der Vergangenheit
berichten – wir sehen
und hören alles

Lepidopteratraum

Noch so etwas wie
Schale am Sommervogel
der seinen Saum
abstreift wie ein Morgen
seine Nacht
Wären doch die Flügel
des Falters mein neues Gewand
bei deren Anblick ich wie für
einen Augenblick die Lippen
der Libertas liebkose
Bevor das Davonfliegen
des Schmetterlings
bevor ein einziger Flügelschlag
mich zurückwirft in
meine Gefangenschaft

In das Fenster fällt
ein müder Baum
das Sterben der Natur
als Raumkonzept
Poetik eines
Herbstverblassens
Endlichkeit
ins Licht gebracht

Vor dem Tag
steht da die Pflanze
in natürlicher Grazie
verliert eine Blume die Maske
pflückt das Mädchen
die Narzisse

Wenn wir uns
wundern
schwebt
ein Sommervogel
über dem
leeren Stuhl

Über die Zeiten

Ich schließe dich
tief in mein Herz
und erzähle dir
nichts von morgen

Schlüsselblumen
sprechen andere Sprachen
sie tragen Geheimnisse
über die Zeiten hinaus

Entschleunigt

Die Welt hat
sich zurückgezogen
es wurde ruhig in ihrer Tiefe
endete der tosende Takt

Nun nachdem
zu viel Welt gewesen
erkennt sich der Mensch
wieder selbst im Stillstand der Zeit

Feder, Tinte und Papier
vollziehen die Kunst
der Bewegung
als Schrift
ist der Weg
des Bogens

panta rhei

ich bin – grenzenlos
bin aus allem eins
wie aus einem alles
strebe und sterbe
in einem einmal
der Sonne und
dann dem Mond
entgegen noch bevor
Mond oder Sonne
gesagt – bin ich

In der Stille
liegt ein Ring
umhüllt
die Zeit

wird
einen Moment
Schatten und Licht

eingefasst
in Golddraht

Dazwischen

Zwischen Himmel und Meer
Zwischen Zeichen
und Rauschen
Tragen Wellen die Silben
und aus Worten beginnt sich
eine Insel zu bilden
Sprache ist unsere Heimat
aus Sätzen bauen wir Brücken
von Eiland zu Eiland

Im Garten des Gleichmuts

Dort wachsen keine Blumen
Dabei sprießen den Kindern
Die Kirschblüten
Direkt aus den Ohren

Ein Gedicht

Am Anfang A
aufsteigend
alsbald als Ast

dazwischen Worte
neue Worte
sprießend
gegen Mauergebein

am Ende Sinn-
Bilder tanzend
wie Schmetterlinge
auf Drahtseilen

Innerer Garten

Noch ruhe ich
im Niemandsland
als unsichtbarer
Samen im Nachtschatten
der Gewächse
doch ein Glühen
führt mich in meinen
inneren Garten
bis ich
verwandelt als
Kelch Knoten
und Kronblatt
dem Licht
entgegenwachse

Raureif

Ein Tuch aus Weiß
liegt leicht über den Tönen
nahender Zeit
sie klingen in der Tiefe
von Ankunft
warten auf eine
entgegenkommende
Hand

Grüne Poesie

Den Klangjuwelen des
Klees
der fliegenden Melodie
eines lebendigen Bodens
grüner Poesie
im Großformat
lauschen

Das Gesicht
einer Landschaft
lächelt still lädt
letztes Grün
zum Gespräch

Mit einem einzigen
Flügelschlag
trug der blaue Falter
das Gewicht der
Welt davon
legt Steine
auf Schwarzerde

Frühlingskonzert

Du sammelst Töne
wie ein kicherndes
Kind Kirschkerne
nähst dir aus ihrem
Stoff eine klingende
Tonleiter
Klangfarben spielen
mit dem gewebten
Notenteppich
wie Leinen
entfaltet sich
der Akkord einer
Kindheit

Sommer

Hommage auf William Blake

Kugelrund
die Blüte
und der Duft
geliebter Zeit
in unserer Hand
nur diese eine
Stunde
doch darin
Ewigkeit

Sehnsucht
nach einem kühlenden
Kleid aus Blau
gegen das Verglühen
meiner Sprache

Hunger nach der
Kontur meiner Worte
in einer Welt
die ihre Sprache
an der Sonne
entblößt

Die Sommerkönigin

Zum Fest der fünften Jahreszeit
glätte ich mir die Haare
zum Spiegelsee
im dem der Winterkönig
sich wiederfinden kann
ernte ich das Blattgold
der Zeit werfe ich
meine Wurzeln
wie silberne Spinnweben
in die Stunden
dazwischen
schlägt sie noch
die Zeit
und stille
Ahnung auch

Atemblüte

Ich atme
Wortsamen ein
atme durch Federn
ins Offene

Meine Worte
wurzeln in Stein
tragen
seltene Früchte
aus Blau
auf Blättern
sind sie
zu lesen

Galene

Ich kämme die Haare
des Ozeans
flechte mir einen Zopf
aus den Wellen
winde ihn als Kranz
um mein Haupt
damit auch meine Stirn
die Stille
eines Königsblaus
atmet

Sommer und Winter
weben ihre Gegensätze
in meine Gedichte
Zeitenwidersprüche
zeichnen eine Innenwelt
deren Zwiespalt
offen lässt
was die heiße Jahreszeit
benennen würde

Gotteskind

Unendlich ringendes
Leid
Ringst in und um
Den Abgrund dich

Liebestolles Kind
Nur der Wind
Schwingt
Wie ein Blatt
Dich in die Hände

Der Sonne
Zum König
Zur Erde

Zwischen Himmel und Erde
zwischen den Zeilen
mein tiefes Meer
umspült zerrissene Worte
trägt Silben mit Lust
bis wieder Sinn
bis Atem

Maler und Model

Mit den Händen
hab' ich dein Gesicht gemalt
deinen Blick
der schon immer
aus dem Rahmen fiel
mit den Händen
eingefangen
einen Augenblick
des Daseins festgehalten
das entflieht
wenn auch der Betrachter
gegangen ist

Der rote Akt

Wie die Trompeten einer Engelsschar
spricht jedes Sandkorn von dir.
Und auswendig kennt
auch der Mond deinen Mund.
Deinen Himmelskörper hat mir
Muttererde in ihren roten Grund gemalt;
im Licht
des Mondes hat sie mir
diese Skizze in den Sand gelegt

Expressionistische Landschaft

Pastoser Farbauftrag
formt Berge
in einem Magenta
das die Kälte
der Gletscher nicht kennt
rote Farbmasse gestaltet Raum
Licht bricht
im dichtgrünen Tal
mein lichtgrünes Haus
auf der Fensterbank
ein Korb in Pink
verströmt den Duft
geliebter Zeit

Der Punkt ist ein Moment
ohne Anfang und Ende
und wir Pointillisten
tupfen das Jetzt
näher an die Unendlichkeit

In blauem Raum
bewegt sich
der Künstler
fährt im
Akt der Darstellung
nach Paris
und wieder zurück
erforscht
Orte der Sehnsucht
tritt in Dialog mit einem
Begehren
das unerfüllt bleibt

Hommage auf Giorgio de Chirico

Mein Rendezvous
mit der beunruhigenden Muse
ist die Stunde in der ich
in das Wasser steige
in dunklem Teich ihren Körper
aus Rosen zu fassen suche
um dann zu begreifen
dass mein Käfig
nur Einbildung ist

Kontemplation

Auf ungewöhnlichem
Format
Form als Selbstklang
Fläche als Selbstton
Farbe als Selbstlaut
lauschend
das Hören der Kunst
zum eigenen Ohr
werden lassen

Metamorphose

In einem Bild
das Gesicht
mit Ölfarbe geschmückt
um sich nicht
täglich neu erfinden
zu müssen
mit Firnis überzogen

Oberflächenretusche
aller Zeitzeichen

doch der Lack
löste sich
wie das Rot auf
ihren Lippen
nach unserem letzten
Abschiedskuss

Prometheus

Ich falle zu Boden
falle vom Himmel
wie ein Apfel
von der Hand

Und dann
diese Hitze
letztes – enormes
erdrückendes
Hitzegewand

Berauscht vom
Glühen deiner Sprache
webst du dir aus Worten
deine Flügel und
ihre feurigen
Laute tragen dich
energisch bis
zum Horizont
Nun fliegst du
mein Ikarus
– bist nicht mehr Stille
kleine weiße Feder –
mit laut
knisternden Sätzen
Doch keine Sonne
gab es je, die nicht
auch verglühte

Das Hohelied der Kunst

Einst
Objekt der Wissenschaft
– auferstanden von dem Tode –

doch nur eine Närrin
die da so singt

Jetzt
weine nicht mehr um mich
– denn dies ist die wahre Definition –

Mit König Salomon

Unter seinem stoischen Himmel
Mein närrischer Mut
Unter all seinem Schweigen
Zeichen
Zeichnen, meine Lippen
vorlaute Laute
aus meinem Mund
ein Lautenspiel
Gegen das Schweigen
bin ich
Körper
bin ich
Erde, die spricht

Unter einem fremden Himmel
Auf einer fremden Erde
In einem fremden Wasser
Mein Mut

Mohnblumenblätter
rote Sonnenakkorde
gebunden im Haar

zarte Dunkelheit
fiebert dem Licht entgegen
knistert im Finstern

seziertes Insekt
da schimmert nun deine Idee
im Lichteinfall fort

verbunden im Licht
deine Sprache gefunden
am Ende ganz Wort

in meinem Herzen
gefunden die Spuren die
ich im Schnee gesucht

Lauschend
das Hören der Kunst
zum eigenen Ohr
werden lassen

Zwischen den Punkten sind Worte
die Perlen auf meiner Schnur
aus Gedankenstrichen

Jetztzeit

hab’ deinen Klang
lieb gewonnen
Vergangenheit ist Punkt
Zukunft noch Gedankenstrich

Ein kühlender Bach
gegen das Hitzestocken
treibt wilden Wortfluss

Da schwimmt ein Satz
auf dem Wasser
ruhen Worte
im Sturm

Zieh' mich dir nach

Dein Blick
meine Sehnsucht
und dann
Erwachen
Verlust

Wir, die einander begegnen in blauem Dunst.
Wir, die liegen auf der Wiese aus blauen Blumen.
Wir, die uns lieben zur blauen Stunde.
Wir, die ihn leben, den blauen Traum.

Mit dir wollte ich
die Welt
einatmen

Jetzt atmet
Erinnerung
an dich

webt
Erinnerung
an deinen Atem
durch mein Gedicht

Wenn Nacht hereinbricht
erwarte ich dich
abseits des Pfades
an den verwunschenen Orten
dort wo die schönsten
Blumen sprechen
bis zum Morgendunst

Eine Landschaft
dein Gesicht
und der Kuss
der Libelle
spricht
etwas
Zartes

Safransommer-
sprossen
rot lacht
mein Erdbeerfeld
Himmel & Haut
einen Spalt weit

Wollen

Mit dir sein in jedem Augenblick
und bis zum Ende
möcht' ich Blüte für dich sein
Kelch Knoten und Kronblatt
möcht' ich sein bis dein Staub
meinen Mund
schließt bis unsere Frucht sich
zur Erde neigt
mit dir sein in jedem Augenblick
und bis zum Ende

Unsere Liebe rot
wie Purpur deine Küsse
seidiger Rubin

Bist immer du

Noch des Weges
treffe ich
auf dein Echo
klingst von Felswänden
über das Meer
ja, wenn ich rufe
bist immer du
bist mein Widerklang
mein Letztes
hast deinen Namen
für mich in den Wind
geschrieben
damit ich dich überall
wieder finde

Bei Tage ist sie
deine Sonnenkönigin
bei Nacht
dein Blutmond
sie ist niemals die gleiche
doch immer dieselbe
ist ein grenzenloses
Fließen
in das du niemals
ein zweites Mal steigst
sie ist Weg und Ziel
weiße Taube
die im Flug durchbricht
das Netz deiner Traurigkeit

Die Zukunft mit dir
tupfte ich mir
sommerblau

Wildbeerfarben
pulsiert
ein Morgen

ins Jetzt
und Jetzt
und Jetzt

Die Zukunft mit dir
tupfte ich mir
bergblau
azurfarben
tropft sie
aus unseren Poren
ins Jetzt

An der Grenzscheide
wieder in deine Augen schauen
mich des Augenblicks erinnernd
der mich trug
als ich verletzlich war.

Über dem Abgrund
lernten wir fliegen.
Mit dir ist es anders
sagst du.
Mit dir ist es anders
sage auch ich.

Noch einmal
möchte ich
mein Gesicht
in dir finden
um zu sehen:
Ich bin da.

Neben dem Asphalt
in den Sand geschrieben
L_VE

Vanitas

Die Zeiger fallen
der Schwere entgegen.

Am Ende steht dann
entblättert die Zeit.

Stillstand empfängt
die Heimatlosen.

Weit weg von sprechender Erde
bin ich mir eine Fremde
ohne Schatten und Licht.
Eine tonlose Träne
greift nach dem Wasser
versiegender Erinnerung,
nach einem einzigen Wort.
Der Himmel scheint
vergeblich.

Sisyphos

Sieht das Ende seines Weges nicht,
er wiederholt die Zeit,
schlägt am Ende auf den Asphalt,
bis alles beim Alten beginnt,
alles beim Alten bleibt …

Ein Ende

Ich suche ein Ende
ein Ende
an dem Worte
sich berühren

jenseits
des Schweigens
jenseits eines Stillstands

ein Ende
an dem nicht
Steine in meiner Kehle
das Gewicht der Welt ausmachen

Wintertagtraum

Da stehen noch Aschenbäume
ihr blankes Astwerk spricht leise
im verschwiegenen Winter
leuchten letzte Worte
den Bäumen
auf offene Wunden
fällt Schnee
und auch
ihr Flüstern
verliert sich
in Weiß

Tantalos

Mein Ich; eine in sich
zerfallende Gestalt –
dort wo nichts mehr greifbar
im Protest gegen die
nahende Bleiche
…

Gedanken
denken dich in den Tag
Tag wird Traum
Traum wird Tag

Die Worte fallen mir aus
durch Kälte
haben sie mich tot-
geschwiegen

entgleitet mir dieser
letzte Flügelschlag

im Käfig meiner
Sprachlosigkeit zähle ich
die Tage in
Isolation

von den Wänden
ein leeres Echo.

Wirklichkeit

weiß nicht ob was ich sehe wirklich vor mir ist
ob es wahr ist dass die Worte die ich höre
wirklich gesagt wurden
ob es Wirklichkeit ist
die Wirklichkeit die
verschwand
zerfloss
fliehen
wollte
ich

Schwere lastet auf der Feder
liegt ein Fels im Flusslauf
der Worte
findet sich keine Sprache mehr
prüft Zensur die Lippen
drückt Dürre den
Wortraum

Drift

Zuletzt fällt
Schnee Gedanken
verlieren sich
im Bergblau
der Nacht lösen
sich im Sandglas
einer Gestalt –
Chimären zeichnen
eine Wirklichkeit
die keine Worte
findet für den
Verlust

Ich trete durch
eine bleierne Tür
dort verlieren die Dinge
ihren Wert
dort drängt Dunkelheit
ins Jetzt das den Schimmer
des Augenblicks
nicht mehr kennt
den Schleier zerrissen
ging ich lebendig mit dir
ins Totenreich
wo ich nun
um dich weine

dein Tod
färbt die Spiegel

schwarz.

Kokon

Die Sichel wars die
meine Flügel nähte
und mich zur Sonne trug

Ins Offene und Wunde
flocht sie die Fäden
sich wiederholender Zeit

Spann mir aus ihrem
Mondesblau
ein Hochzeitskleid

In dem ich naht-
und nachtgenährt
das Blau zu Munde nahm

Zarte Füße
der Welt entrückt

Klage ohne Worte
für den Verlust

Wortlos die Starre
der Schneewangen
deine Lippenbleiche

– *weit fort von den Lebenden* –

Lastet schwer das Kleid
mit der Elfenbeinnaht

Geworden bin ich
eine Eisblume
in Schnee gehüllt
ziert toter Frost
diese Krone aus
Planetenstaub
fiele doch nur
ein einziger Tropfen
warmes Blut
auf mein Wintergrab
es würde wieder
Frühling
in mir

Im Wintermantel träumen wir von
Erdbeerfeldern; rot leuchtend aus der Ferne.
Dazwischen liegen Ozeane, Landverlust,
totenstilles Erdreich
und versiegendes Trinkwasser.

Unter
Trümmern
das Sein

Mensch
war ein
Wort

nun ist es
leer
geschwiegen
taubstumm
geschlagen

entglitt dieser
letzte Flügelschlag

Im Zunder der Zeitungen
Dort brennen Menschen
Im Zunder der Zeitungen
wird der Wahnsinn junggekocht
er erzählt von den letzten Tagen …

Worte
umspülen kalt
brennende
Wunden der Zeit
nähren im kühlen
Schatten
zierliche Wurzeln
des Widerstands
in der Dürre
sind sie nah

Ein Nachwort
Sigune Schnabel

Was tun Gedichte in einer Welt, in der Lyrik ein Nischendasein zukommt? Die Antwort darauf ist sicher so vielfältig, wie es Leser gibt. Für mich sind Gedichte eine sinnliche Erfahrung, die mich der Welt näherbringt.

Sonja Crones Gedichte sprechen in eingängigen Bildern alle Sinne an. Sie nähern sich einem Kern, der über das Sagbare hinausgeht. Der Adressat spannt ein Netz und versucht, das Geheimnis zu fangen. Vielleicht ist das Netz zu grobmaschig; vielleicht findet er auch nur sein eigenes Geheimnis darin wieder. Sicher ist jedoch, dass etwas hängen bleibt: ein Gefühl, wie sich das Leben verhält.

Der Band beginnt mit einem Thema, das eng mit der Lyrik verwandt ist: dem Träumen.

stürzen wollen wir
in die Ferne

Die Gedichte sind von Sehnsucht geprägt: nach Weite und Ausbruch, aber auch nach

Erkenntnis. Dies deutet bereits der Titel an. Der Leser schaut durch etwas hindurch, doch er sieht nicht alles. Nur ein Ausschnitt zeigt sich ihm, ein Stück Wirklichkeit, so wie wir auch das Leben fragmentarisch begreifen. Jedes Gedicht für sich ist wie ein Bild, flüchtig festgehalten, der Blick durch einen Spalt und damit auch Fokussierung.

Ein weiteres Themenfeld ist die Natur. Dabei spielen die Jahreszeiten eine Rolle, die Natur als Spiegel, aber auch ihre Bedrohung. Es gipfelt im „Sterben der Natur / als Raumkonzept" – treffender lässt sich die Ausbeutung kaum ausdrücken: Selbst der Tod wird noch zum eigenen Nutzen stilisiert.

Wie bei zahlreichen Lyrikern wird auch das Schreiben und Sprechen thematisiert, sind es doch existentielle Bedürfnisse des Dichters.

mein tiefes Meer
umspült zerrissene Worte
trägt Silben mit Lust
bis wieder Sinn
bis Atem

Die Angst vor Sprachverlust, die Suche nach dem richtigen Ausdruck, nach dem Sprechen als Akt der Selbstfindung ziehen sich durch die Gedichte. „Gegen das Schweigen / bin ich / Körper“, heißt es in dem Text „Mit König Salomon“. So ist das Sprechen auch etwas ganz Physisches, auf der Erde Verwurzeltes.

Zu unterscheiden ist zwischen dem poetischen, wahren Wort im Gegensatz zur Selbstdarstellung:

Hunger nach der
Kontur meiner Worte
in einer Welt
die ihre Sprache
an der Sonne
entblößt

Was passiert mit einem an der Sonne entblößten Wort? Die Hoffnung für den Leser ist: Es verbleicht mit der Zeit, verliert an Wirkungskraft, während die Poesie fortbesteht.

In einigen Gedichten zeigt sich eine weitere Inspirationsquelle der Autorin: die philosophische Gedankenwelt. Die Lyrikerin verzichtet bewusst auf „die Enge einzelner Konzepte“ und sucht „vielmehr den Reichtum". Für sie sind die Gedichte „Spiegelbilder unterschiedlicher Perspektiven auf die Welt und das Menschsein". Dabei dient die Philosophie vor allem dem Versuch, sich selbst zu verorten:

ich bin – grenzenlos
bin aus allem eins
wie aus einem alles
strebe und sterbe
in einem

Aber nicht nur um den eigenen Standort im Weltgeschehen geht es, sondern auch um die Aufgabe des Künstlers. Er „tritt in Dialog mit einem / Begehren / das unerfüllt bleibt". Dies erinnert an Jacques Lacan. Er beschreibt drei Kreise, die eine kleine Schnittfläche haben. Die Mitte dieser Kreise ist das, was wir mit Sprache nicht erreichen können. Er bezeichnet es als Objekt klein a. Zum Schluss bleibt also, was der Autor ausdrücken will, unzugänglich. Wir als Leser, aber auch als Schreibende, können uns ihm nur annähern. Es besteht ein fortwährender Mangel, der wiederum die Grundlage für das Begehren bildet, den Antrieb zu neuen Werken.

Warum schreiben wir also? Warum Gedichte? Um diesen Mangel auszugleichen. Um das Unsagbare zu streifen. Sonja Crone gelingt dies, indem sie auf Bilder zurückgreift. So „sprießen den Kindern / Die Kirschblüten / Direkt aus den Ohren". Ich sehe sie vor mir, diese Kinder, und ich glaube zu wissen, wie sie sich fühlen. In meiner Sprache. Freilich: Unser Handwerkszeug besteht aus eingeschränkten Mitteln. Selbst wenn ich glaube, das Gemisch aus Klang, Farbe, Gefühl und Ahnung einzufangen, wird mein Gegenüber vielleicht anderes empfinden. Für vieles gibt es keine festgelegten Ausdrücke, allenfalls Umschreibungsmöglichkeiten. Worte sind bestenfalls Bauklötze, und jeder hat seine eigene Form. Manchmal wünscht sich ein Autor, sie wären aus Ton, dass er an ihren Ecken und Enden herumdrücken kann, sie ein Stück zurechtbiegen – vergeblich. Wir können uns nur auf das stützen, was bekannt und vordefiniert ist.

Aber vielleicht ist das gar nicht so schlimm, dass jeder seine eigene Sprache hat, sein eigenes Stück Glas, durch das er blickt. Denn bei Sonja Crone entstehen ganze Welten, in denen sich der Leser wiederfindet. „Wenn wir uns / wundern / schwebt / ein Sommervogel / über dem / leeren Stuhl“, und sofort denke ich: Ja, den Vogel kenne ich. Ich habe ihn auch schon gesehen.

Dank

Ich möchte mich bei allen Menschen bedanken, die mein dichterisches Schaffen wertschätzen und unterstützen.

Vor allem möchte ich mich bei meiner Freundin und Mentorin Sandra Löwe für den liebevollen Umgang mit mir und meinen Worten, die wertschätzende Förderung und das Feedback zu meinen Texten bedanken. Auch Sigune Schnabel danke ich für die Freundschaft und die Bereitschaft, ein Nachwort zu meinem Debüt zu verfassen.

Meinem Partner Andreas danke ich für seine Geduld mit meinem kreativen Ehrgeiz und den Glauben an meine Kreativität.

Zuletzt ein Dank für den Musenkuss.

Inhalt